AF295781

LETTRE

A MONSIEUR

DE

VALLEMONT.

SUR LA NOUVELLE EXPLICATION qu'il a donnée à une Médaille d'or de l'Empereur Gallien, qui est au Cabinet du Roy.

A PARIS,

Chez FLORENTIN ET PIERRE DELAULNE,
ruë S. Jacques, au deſſus des Maturins,
à l'Empereur.

AVEC PERMISSION.

L'IMPRIMEUR

AU LECTEUR.

JE ne mets pas en doute que le Public ne reçoive agreablement la Lettre que je luy donne : Comme elle est sur une matiere courante, elle vient assez à propos pour aider à prendre party dans la dispute, ou pour achever de convaincre ceux qui se trouvent dans le bon. Il est neanmois de ces sortes d'écrits, comme des choses que l'on ne mange que par regal ; s'ils ne sont tout bons, on les méprise aussi promtement que les ragoûts mal apprêtez. Qu'on s'étonne si l'on veut, que je décide icy sur le merite d'un écrit qui n'a pas encore paru, l'évenement prouvera qu'on a eu raison de le faire.

Je me sçai donc trop bon gré, & je tire un trop bon augure du premier pas que je fais dans ma profession, pour n'en pas témoigner de la complaisance, &

4

pour n'en pas dire quelque mot. Ce
n'est pas le gain que j'envisage en cela;
mais le plaisir de donner bonne opinion
de moy dans le Public, par le choix des
pieces que je tâcheray toûjours de faire.
La personne inconnuë, qui m'a adressée
celle que je donne, paroit habile dans
les matieres que traite cet écrit : c'est
pourquoy, je ne sçaurois mieux faire,
que d'ajouter icy pour garant de ce que
j'avance, ce qu'elle y a joint pour m'ex-
citer à le publier.

*La Lettre que je vous envoye a été veuë par
les meilleurs connoisseurs, & elle a passé par le
suffrage des habiles ; comme la chose se prati-
quoit autrefois. Un nombre de gens choisis, qui
s'assembloient dans de certains Temples, y fai-
soient la fonction de Censeurs ; & décidoient du
merite des ouvrages qu'on vouloit publier. C'é-
toit là que les Auteurs eux-mêmes devoient se
trouver avec leurs écrits, & l'usage étoit de les
réciter par cœur. On remarque cette circonstance
dans Suetone, qui fait voir qu'Auguste ne s'é-
toit pas cru luy-même dispensé d'une coûtume si
gênante. Cet Historien rapporte que l'Empereur
s'excusa un jour de ce qu'il ne pouvoit y satisfaire, par le peu de temps que luy laissoit le
nombre infini des affaires de l'Empire. Quand*

lès Livres avoient ainsi passé par la critique
des Sçavans d'un siecle éclairé, on devoit être
sûr de la réüssite d'un ouvrage, & les Libraires
n'avoient rien à craindre pour leur entreprise.
Il en est de même lorsque ce qui se publie sort
de la plume d'une personne dont le merite & la
capacité sont éprouvez. C'est ce qu'on peut assurer de cet écrit : & en effet, à ce qu'on m'ap-
prend, il vient de si bonne main, que ce seroit
prévariquer au service que vous devez à la République des Lettres, que de ne pas le luy pro-
curer. Celuy qui en est l'Auteur est de ces Sçavans qui peuvent décider de tout : Il juge, dit-
on, équitablement des choses, sans ostentation
& sans envie ; & joint, malgré ses pénibles
fonctions apostoliques, le caractere du monde le
plus officieux à une érudition la plus aisée, &
la plus communicative. Cette Lettre en sera la
preuve. On ne voit gueres de piece plus déli-
cate, quoyque pleine d'érudition medaillique :
le stile en est noble, tout modeste qu'il est ; le
tour en est des plus spirituels, & des plus ini-
mitables : c'est enfin une ironie toute d'or, qui
fera plus d'honeur à Monsieur l'Abbé de Vallemont, qu'elle ne luy donnera de peine. On ap-
prendra par cette Lettre à manier une figure si difficile à bien mettre en œuvre : sur quoy
il y a si peu d'exemples, qu'à quelques-uns prés,
en partie même manuscrits, celuy-cy pourra pas-

A iij

ser pour original dans ce genre. Outre le profit que Monsieur l'Abbé de Vallemont en tirera avec le Public, il y trouvera son conte en particulier. Qui doute s'il n'en deviendra point plus celebre que mille autres, qu'on ne s'avise pas de critiquer. Ses partisans du moins auront de quoy se consoler, sur ce que le sort & la gloire des meilleurs Athletes est d'avoir plusieurs Antagonistes à soûtenir en differens genres de combats. C'est aussi tout ce que se proposoient les anciens Olympioniques, & ce qu'ils se sont vantez d'avoir fait par tant d'inscriptions fastueuses. La même chose, sans doute, arrivera à Monsieur l'Abbé de Vallemont s'il remporte la victoire. En effet Monsieur Baudelot l'attaque sur le fait de l'antiquité, & s'assure de luy montrer qu'il s'est exposé temerairement dans cette exercice. Monsieur Galland luy preste le collet sur le Latin de Trebellius Pollio, & soutient qu'il ne l'entend point, & qu'il l'a mal rendu. Je ne scay comment il se demeslera de ces deux premiers. Mais voicy un nouveau Tenant que vous mettrez en lice, qui ne luy donnera pas peu d'affaires. Il pretend le battre en plusieurs endroits dans son fort; c'est à dire sur le raisonnement & sur le philosophisme où cet Abbé croyoit triompher. S'il est vray ce qu'on dit dans le monde de l'imagination qu'a euë cet Auteur en publiant son ouvrage, rien ne seroit plus original & rien ne seroit plus digne des anecdotes du pays decouvert par Bergerac. Ce n'est pas neanmoins ce qu'on dit de plus fort contre luy. On pretend davantage que l'opinion qu'il avance dans sa Lettre n'est pas une découverte nouvelle, qui luy appartienne; mais qu'il l'a prise dans Monsieur Tristan, au chapitre de Celsus, & qu'il s'en est voulu faire honeur sans le nommer. Il aura là-dessus tous les Auteurs à dos. Le gros de cette Nation n'est pas endurante sur un cas pareil, & l'on ne s'en échape pas aisément aujourd'huy. Quand il diroit même qu'il auroit gardé ce fait pour une réponse, ce qui seroit une assez mauvaise finesse, ceux qui prendront interest à Monsieur Tristan, qui a tant merité des Antiquaires, ne s'en contenteront pas. Il se trouvera tout au plus reduit à nier qu'il ait veu l'endroit, & à s'écrier, comme faisoit un Auteur dans le dernier siecle : Pereant qui ante nos nostra dixerunt; Malheur à ceux qui ont publié avant " nous ce que nous avons depuis imaginé nous- " mêmes, sans leur en être redevables. S'il se " sauve donc par-là, supposé qu'on le croye, du reproche qu'on luy fait, & du catalogue de ceux qui chassent en pays d'autruy sans le dire; il faudra le mettre au nombre des Auteurs de ce genre qui sont échapez à Aulugele & à Macrobe, qui se sont copiez l'un ou l'autre; & depuis ces critiques de profession, à Placcius, & à un Anonyme, ce me semble, qui nous en ont donné

A iiij

ou promis un bon recueil. On verra cependant
par cette nouvelle Dissertation, le peu de secours
que l'Abbé de Vallemont auroit tiré de l'original où il a pris ce qu'il avance. Le bruit court
qu'un jeune Prince a écrit avec assez d'étenduë sur la même matiere, & ceux qui ont veu
sa Lettre assurent qu'il n'y a rien de plus
agreable. Que le dessein en est judicieux, où
sans prendre party, on ne peut pas dire cependant qu'il soit neutre; Que les raisons qu'il employe, toutes fortes qu'elles sont, ne sentent rien
ny de l'école, ny de la critique; Que le tour &
le stile ne font rien concevoir que de grand,
que de noble, & qui ne puisse venir de la plume la plus exercée. Qu'il y auroit de gain pour
le Public, si ce généreux Prince vouloit bien or-
donner qu'on la publiât! & qu'il y auroit de
gloire pour vous à luy consacrer là-dessus vôtre
ministere! Un Heros comme luy dans l'une &
l'autre Republique seroit d'un grand poids, &
feroit ranger bien des gens sous ses enseignes. La
dispute dont il s'agit en deviendroit plus celebre,
& l'on sçauroit peut-être si la legende en question est ou une maniere d'écrire du tems, ou
une faute de Monetaire, ou un éloge, ou une
ironie. Monsieur Vaillant, qui est pour cette
derniere, à ce qu'on dit, croit même, pour justifier cete opinion, que le Marc-Aurele du Cabinet du Roy, cité par Monsieur l'Abbé de Valle-

mont, est une Médaille du même genre, c'est à dire, une raillerie contre l'Empereur. Le Prince, à ce qu'il prétend, y est habillé en femme, de cette maniere :

Les Auteurs de cette monoye luy ont voulu sans doute reprocher par là sa mollesse indigne, & son indulgence outrée pour sa femme. Dans ce sens la legende du revers ne fera pas beaucoup de peine aux Oedipes Medaillistes ; si l'on ne veut pas, comme l'Auteur de cet écrit, que les lettres en soient refaites à plaisir. Voicy ce qu'en a pensé un de ceux-là, supposé la déference dont on accusoit Marc-Aurele, pour une femme que le Peuple & les honnêtes gens de l'Empire n'estimoient point. Il en expliquoit donc ainsi toutes les lettres singulierement :

$$R.P.I.M.\begin{cases} \text{* Reipublicæ Imperator Mulie-} \\ \text{rosus.} \\ \textit{ou} \\ \text{Reipublicæ Imperator Mulieri.} \end{cases}$$

M. E. O. N. $\begin{cases} \end{cases}$ * Malum Eſt Omen Nec
ou
Mancipatus Eſt Omen Nefaſtum.

I. P. M. I. S. A. $\begin{cases} \end{cases}$
* Imperare Per Mulierem Imperii, Sacra Salus, Superi ; Annuunt.
* In Poteſtate Mulieris Imperatorem ſubditi approbant.

ou ſi l'on veut plus à propos,

* Imperatori Per Mulierem Imperanti ſanum adulari.
ou
* Imperatori Parcenti Meretrici Indignæ Sanum Adulari ;
-Itaque Parcentem Meretrici Imperatorem, Sacra Abdicant. *ou bien*

O. N. L. E. M. I. $\begin{cases} \end{cases}$ Contra Noſtram Libertatem *Enim Eſt* Mancipium Imperare.

S. O. $\begin{cases} \end{cases}$ Senatu Conſervo.

Il n'y a rien de forcé dans cette explication, & il n'y a perſonne qui ne l'entende, & qui ne l'applique aiſément. A la verité cela eſt un peu fort contre un Prince, à qui l'on doit en tout ſens un reſpect tres-diſtingué. Mais que les Auteurs ne rapportent-ils pas, comme un des Anta-

goniſtes de l'Abbé de Vallemont le remarque,
de la liberté que ſe donnoient les plaiſans de la
Ville de Rome. Cette Médaille auroit beaucoup
ſervy au dernier Auteur qui eſt du ſentiment de
l'ironie, employée par les Anciens juſques dans
les monumens publics, contre les deſordres de
leurs ſiecles. Ceux qui croyent au reſte que Monſieur l'Abbé de Vallemont a été traité un peu
trop rudement par Monſieur Baudelot, trouve-
ront icy de quoy le juſtifier. Le party qu'on prend
dans ce nouvel écrit, tout doux & tout déli-
cat qu'il paroit, n'eſt pas cependant dans un ſens
des moins forts, & des moins accablans. Si la
raillerie eſt la vengeance la plus naturelle du
ridicule, ce n'eſt pas cependant celle qui porte le
moins de coup, & qui ait moins d'effet. C'eſt la
compagne la plus neceſſaire & la plus fidele de
la Muſe qui préſide à la Satyre ; c'eſt-elle ſeule
qui aiguiſe les armes qu'employe cette derniere,
& ſans elle la Satyre, cette vengeance inſpirée
du Ciel, n'auroit que des traits émouſſez & des
coups peu d'efficaces. Ce fut auſſi, ſelon la remarque de quelque Pere, la premiere punition, mais
en meme tems la plus ſanglante, qu'éprouva le
premier homme de la part de Dieu. Nôtre Auteur, qui a ſuivy ce modele, fait voir qu'il n'y
a point de meilleure voye pour refuter les bé-
veuës. Que l'on divertiroit le Public, ſi l'on
pouvoit decrire ce qui concerne la conformité de

cette figure avec les sifflets, si fort en vogue ces
jours passez! Rien ne fut mieux inventé de nôtre tems pour réfrener la licence des derniers
Auteurs Comiques, qui portoient sur le Theatre,
ou de fades & peu utiles descriptions du dére-
glement des mœurs, ou des preuves certaines du
desordre de leur imagination. On peut ajouter
encore, que, selon ce qui en a paru, generalement
parlant, l'effet de cette invention a été si effi-
cace, que le Theatre même en a été abbatu, aprés
que le Magistrat eut fait attention à l'ironie
des sifflets, & qu'il en eut examiné la cause.
Ce n'est pas que comme les meilleures choses dé-
generent souvent, qu'on n'ait été obligé de mettre
des bornes à cette ironnie sibillaire, & d'en ar-
rêter le cours fort à propos, l'abus & le mauvais usage qu'on en faisoit y ont engagé la sa-
gesse & la vigilance du Magistrat. Il seroit à
souhaiter enfin, que toutes les critiques fussent
du goût de celle-cy; on verroit moins d'écrits
sans sel, ou sans érudition, & l'on ne se vante-
roit pas si hardiment que quelques-uns le font,
de foudroyer leurs adversaires. Le siecle d'or de
la République des Lettres reviendroit; les Muses
en seroient mieux cultivées; le Public ne seroit
pas accablé de mauvaises choses, c'est à dire,
de fades écrits, ou de dangereux ouvrages; le
Magistrat politique seroit plus en repos; & vôtre
commerce en iroit mieux.

LETTRE

A MONSIEUR

DE VALLEMONT,

Sur la nouvelle explication qu'il a donnée à
une Médaille d'or de l'Empereur Gallien,
qui est au Cabinet du Roy.

MONSIEUR,

Je viens de lire avec beaucoup de satisfaction la
nouvelle explication que vous donnez à la Médaille de Gallien. J'y ai trouvé tant d'esprit,, tant
d'érudition, tant de graces, que j'ai souhaité d'a-
bord qu'elle fût aussi solide qu'ell est ingenieuse;
& qu'elle eût assez de bonheur pour l'emporter
sur les deux autres opinions. Car il faut atteindre
jusqu'à l'exacte vérité, quand on veut satisfaire les
Sçavans, & enlever leur estime & leur appprobation.
Il semble que vous m'ayez comme enchanté
par vôtre maniére d'écrire honnête, libre, agréa-
ble, pleine d'élegance & de politesse; puisque,
tout ennemi que je suis de la préventtion, je me
sçai bon gré de me laisser surprendre; & je me

veux du mal de ce que ma raison m'oblige à vous demander quelques éclaircissemens, devant que de m'avoüer convaincu dans les formes. Je sens bien néanmoins qu'il en faut venir là, pour l'interest même de vôtre gloire.

Je veux donc être de vôtre sentiment, Monsieur, parce qu'il est toûjours avantageux de penser & de parler comme les gens d'esprit : mais je veux en même tems que vôtre sentiment soit le vrai, & que vous me fournissiez de quoi prouver que j'ai eu raison d'abandonner le parti que j'avois pris, afin d'embrasser le vôtre ; & de donner plus de partisans à la nouvelle Héroïne que vous produisez.

Puisque vous me voyez dans de si bonnes dispositions, & sur tout dans une docilité parfaite, j'espere que vous ne trouverez pas mauvais que je vous propose quelques difficultez, qui pourroient faire obstacle à la bonne fortune de Galliene. Ayant été assez heureuse pour se défaire elle seule d'un Tyran, de plus foibles ennemis ne lui doivent pas faire peur avec un secours aussi puissant que le vôtre. Vous avez travaillé avec succès pour l'honneur de Gallien : voulez-vous bien que nous examinions de concert, si vous avez assez fait pour assurer la gloire de Galliene ; & s'il n'y auroit point encore quelque chose à ajouter.

Il me semble qu'on auroit tout sujet d'être content, s'il n'étoit question que de faire abandonner les deux premiers sentimens. Car pour moi, je suis persuadé comme vous, que tout doit être sérieux dans les Médailles *qui servent de monnoye*, & que jamais la raillerie n'a trouvé place dans ces monumens publics, frappez par l'ordre des Princes, ou du Sénat. On auroit tort de se faire un préju-

gé de ce qui eſt arrivé dans nos derniers ſiécles, à
de petits Etats jaloux de la gloire de leurs voiſins,
& d'en tirer une conſéquence pour les ſiécles des
Empereurs Romains. Il faudroit au moins que l'e-
xemple ne fût pas unique, pour appuyer une pareille conjecture. Je ſens qu'il vous coûtera peu
à m'obliger de renoncer auſſi au ſecond ſentiment,
malgré les raiſons dont on veut l'appuyer. Je l'a-
vois embraſſé faute d'en trouver un meilleur : quoique j'euſſe beaucoup de peine à croire que l'igno-
rance des Monetaires eût été juſqu'à ſubſtituer un
Æ. pour un E. final. Je ſçai que dans les autres
endroits du mot, cela eſt arrivé quelquefois, ainſi
qu'il paroît dans les exemples rapportez par le
ſçavant P. Hardoüin, dont je reſpecte comme
vous la profonde capacité, la pénétration, & la
vaſte étenduë de génie. J'aurois donc ſouhaité qu'il
nous eût marqué, non pas, comme il a fait, un
E. final mis au lieu d'un Æ. mais un Æ. final
mis pour un E. ſimple, dont je ne ſçache point
qu'il ſe trouve d'exemple, ni ſur les Médailles, ni
dans les inſcriptions de ce ſiécle-là.

Pourquoi donc ne me pas déclarer abſolument
pour vôtre nouvelle explication ? C'eſt que le nom
d'une Princeſſe mis autour de la tête d'un Empereur, & mis *hors du Nominatif !* me paroît quelque choſe de trop extraordinaire dans la ſcience
des Médailles. Voila en un mot toute ma difficulté, qu'il faut que vous éclairciſſiez par vos lumiéres, car je conviendrai avec vous de tout le
reſte avec plaiſir.

Préſuppoſons donc que Trebellius Pollio eſt un
témoin irréprochable. Que vous avez bien pris la
penſée de cet Hiſtorien. Qu'il y a eu en Afrique
une Galliene. Qu'elle étoit couſine germaine de

Gallien, qu'elle tua Celfus, & qu'elle mérita par ce glorieux exploit, que Gallien lui donnât la qualité d'Augufte; & qu'il fît frapper des Médailles à fon nom. Que les affaires de l'Empire fe trouvaffent alors en affez bon état pour juftifier l'infcription UBIQUE PAX. Qu'on n'ait pas fait affez de juftice à la valeur de Gallien, & que Pollio fe foit trop abandonné à fon chagrin particulier contre lui. Voila tout ce que pourroit me perfuader l'eftime & l'inclination que j'ai conçuë pour vous, fans avoir autrement l'honneur de vous connoître, que par vôtre réputation & par vôtre écrit.

Avec tout cela, la difficulté principale m'a paru fubfifter encore toute entiere. Car dans de pareilles conjonctures, l'ufage conftant & univerfel de tous les fiécles a été, qu'on mît fur les Médailles la tête des perfonnes à qui l'on a voulu faire cet honeur, ou feules, ou jointes à la tête du Prince regnant fur le même côté de la Médaille, ou le Prince d'un côté, & la Princeffe de l'autre; chacun avec fon nom & avec fes qualitez : fans que je trouve aucun exemple d'un nom étranger mis autour de la tête d'un Prince. Je m'explique.

Quand on a voulu joindre des perfonnes differentes fur la même Médaille, quelquefois on a adoffé les têtes fur le même côté, avec le nom des deux perfonnes. Ainfi nous avons la tête d'Augufte adoffée à celle de Jules. DIVUS JULIUS. CÆSAR DIVI FILIUS.

Quelquefois on a mis une tête d'un côté, & l'autre au revers, avec chacune fon nom. DIVUS JULIUS. Sa tête couronnée de laurier.

CÆSAR DIVI F. La tête d'Augufte fans couronne.

Quelquefois

Quelquefois on a mis une tête d'un côté, & la figure entiére de l'autre personne au revers; comme dans cette rare Médaille d'Auguste & de Livie,

IMP. CÆSAR-AUG.

AUGUSTA MATER PATRIÆ.

Quelquefois on a mis les deux têtes adossées, avec le nom du Prince seul. Comme dans la Médaille ou la tête d'Agrippa se trouve adossée à celle d'Auguste, IMP. DIVI FILIUS.

Quelquefois on a mis le nom seul d'un côté, & la tête avec le nom seul, de l'autre, comme dans la Médaille d'Auguste,

DIVOS JULIUS. Dans une couronne de laurier.

CÆSAR DIVI FILIUS. La tête d'Auguste sans couronne.

Quelquefois on a acolées les têtes avec les deux noms. Dans la Médaille de M. Antoine avec Cléopatre,

M. ANT. IMP. COS. DES. CLEOPATRA.

Quelquefois on les a afrontées, soit avec les deux noms, comme dans la Médaille Grecque de Neron & de Poppée, ΝΕΡΩΝ ΠΟΠΠΑΙΑ. soit avec un seul nom, comme dans une Médaille d'Antoine & de Cléopatre, où l'on voit les deux têtes, & le seul nom d'Antoine.

M. ANT. IMP. COS. DES. III. VIR. R. P. C.

Quelquefois on n'a mis que le nom de la personne moins considérable. Dans la Médaille Grecque du Roi Rhœmetalces, acolé à Auguste, il n'y a que ΒΑΣΙΛΕΩΣ ΡΟΙΜΗΤΑΛΚΟΥ.

Quelquefois on a mis le nom de la personne plus considérable, comme dans une autre Médaille des deux Princes, où il y a ΚΑΙΣΑΡΟΣ ΣΕΒΑΣΤΟΥ.

B

Quelquefois le Prince, pour faire honeur à la Princesse, mettoit la tête seule de la Princesse avec son nom, & se contentoit de mettre son nom au revers. Ainsi en usa l'Empereur Claude à l'égard d'Antonia.

ANTONIA AUGUSTA. sa tête.

TI. CLAUDIUS CÆSAR AUG. P. M. TR. P. IMP. Une Figure debout en habit sacerdotal, le sympule à la main.

Quelquefois on a mis les deux têtes d'un côté, & partagé les deux noms : comme sur la Médaille des deux Pompées, adossés en Janus, avec MAGN. d'un côté; qu'on prétend marquer CN. Pompeius; & PIUS au revers, qui marque SEXT. Pompeius.

Quelquefois on ne mettoit que le seul nom sans mettre la tête, comme on trouve le nom seul de M. Antoine sur les Médailles des Légions, sans que son image s'y rencontre. ANT. AUG. IIIVIR. R. P. C. le seul nom d'Auguste dans une couronne de laurier, avec le nom des Monétaires au revers.

Quelquefois enfin les deux têtes sont sans aucun nom, comme sur deux Médailles d'Ephese, où la tête d'Auguste est acolée à celle de Livie, sans légende.

Voila avec toute l'exactitude possible les différentes combinaisons dont il nous reste des vestiges sur les Médailles. Il n'y en a pas une, ni dans le haut, ni dans le bas Empire, ni chez les Grecs, ni chez les Latins, où l'on trouve le nom d'une Princesse autour d'une tête d'Empereur; non plus que le nom d'un Empereur autour de la tête d'une Princesse. C'est, ce me semble, un terrible préjugé pour l'opinion du P. Hardoüin, qui veut que, malgré l'Æ. le nom de GALLIENÆ soit le nom de GALLIENUS même: & j'avoüe que c'est ce qui m'avoit attaché à son sentiment, devant que d'avoir vû vôtre Lettre. Voyons si vous me fournissez d'assez bonnes raisons pour me faire ainsi changer d'avis, & pour m'attacher absolument au vôtre, principalement depuis qu'on a trouvé dans les inscriptions antiques de Gruter, des exemples de l'Æ. final, mis pour l'E. simple, même au Vocatif.

Vous me dites qu'il n'est pas extraordinaire de trouver sur une Médaille une tête avec un nom qui ne lui appartient pas ; j'en conviens. Aussi n'est-ce pas ce qui me choque dans la Médaille de Gallien. Ma peine est d'y trouver le nom d'une Impératrice, *hors du Nominatif*, autour d'une tête d'Empereur. Car ces cas obliques, pour parler en Grammairien, supposent toûjours un mot sous-entendu, qui signifie qu'on honore par cette Médaille la persone qui y est nommée. Or on ne s'avisa jamais de dire, qu'on honore une Princesse par l'image d'un Prince, bien moins encore, qu'on honore un Prince, ou, comme il vous a plû de dire, *qu'un Prince se couronne* par le nom d'une Princesse, dont l'image ne paroît point. Aucune des trois preuves dont vous soûtenez vôtre proposition ne répond à cette difficulté. Il faudroit, pour y répondre précisément, trouver par exemple, une tête de Neron avec le nom de Poppée ; ou la tête d'Auguste avec le nom de Livie ; ou la tête de M. Antoine avec le nom de Cléopatre au génitif ou au datif, afin de conclure qu'on a pû mettre Gallien avec le mot GALLIENÆ.

Je comprens bien que la flaterie du Sénat, qui faisoit batre la monnoye de bronze, & qui vouloit que le Prince crût qu'on le regardoit comme un autre Apollon, ou comme un nouveau Sérapis, ou comme le Soleil de l'Empire, a pû faire mettre le nom de ces Déitez autour de la tête de Neron, de Julien & d'Aurelien. Je sçai que la vanité des Princes mêmes, de qui dépendoit la monnoye d'or & d'argent, a pû les porter à se faire donner tels noms qu'ils ont voulu, de Déitez ou de Héros. Mais que le Prince ou le Sénat ait jamais fait mettre le nom d'une Princesse, ou même d'une Déesse, autour de la tête d'un Empereur; c'est dont je ne sçaurois convenir; quand même je croirois que ce fût un effet, comme vous le dites, *de la dévotion* du Prince pour quelque Déité particuliére; ou de son affection pour quelque personne d'un mérite singulier. Domitien, par exemple, avoit une dévotion particuliére à Pallas. On a fait frapper des Médailles avec la tête de Pallas, & le nom de Domitien autour. Julien l'Apostat avoit dévotion à Sérapis, il a fait mettre son visage d'une maniére reconnoissable, avec le nom de Sérapis, comme celui de sa femme, avec le nom & le symbole d'Isis Faria. Vous sçavez par un tres-grand nombre de Médailles de Gallien même, que sa maniére de témoigner la dévotion qu'il avoit pour ses Dieux, étoit de faire mettre leurs images ou leurs symboles au revers de ses Médailles, avec leur nom, à l'exemple de ses prédecesseurs. Apollini Conservatori. Dianæ Cons. Neptuno. Herculi. &c. qui peuvent faire croire que jamais Prince ne fût plus dévot. C'est dequoi enrichir le bel éloge que vous nous avez donné de ce Prince, en ajoutant la piété à ses autres belles qualitez : mais cela ne serviroit de rien à la solution de nôtre difficulté.

Vous tirez une autre preuve de la coûtume que

les Empereurs avoient de faire confacrer, ou, comme vous dites, *déifier*, les Princeffes, même du-
rant leur vie, & de les appeller enfuite des Déeffes. Il n'étoit point befoin de prouver ce que perfonne ne vous conteftera jamais; mais il falloit
nous apprendre, comment de ce principe on pouvoit tirer cette conclufion, donc le nom de *Galliene*
en qualité de Déeffe, ou du moins d'Héroïne, a
pû être mis pour légende à la tête de Gallien.
Cette conclufion ne peut naître que d'un principe
dont perfonne ne conviendra jamais; que la confécration donnât droit aux nouvelles Déeffes de
faire fervir leurs noms aux deux fexes, quoiqu'on
trouve Janus mâle, & Janus femelle; Luna fille,
& Lunus garçon.

Je croi que vous avez vous-même fenti la force
de cette difficulté, quand vous avez rapporté pour
une preuve décifive la Médaille de M. Auréle,
avec le nom d'ANNIA FAUSTINA. En effet, la
chofe eft fingulére; mais elle n'eft pas fi décifive que
vous pourriez vous l'imaginer. Je fçai que Mon-
fieur Vaillant traite cette preuve d'un faux témoi-
gnage, qu'il foûtient que la Médaille eft moderne,
& faite à plaifir, de l'invention de ces Italiens,
habiles, comme vous fçavez, à fubftituer une légende pour une autre. Il n'y a qu'à confidérer le
revers inintelligible, pour voir qu'on y vouloit
mettre une légende auffi extraordinaire que celle de
la tête. On travailloit fans doute fur la Médaille
des Decennales : on avoit commencé à faire du P.
un R. de l'R. un P. du D. & de l'E. un M. du
C. un O. & ne pouvant rien former de bon, on
a laiffé l'ouvrage informe, telle qu'il eft. Une pareille Médaille peut-elle appuyer l'infcription de
Galliene dans un fiécle, où l'on ne vit jamais une
femblable confufion de caractères ?   B iij

Mais je veux bien demeurer dans la docilité parfaite que je vous ai voüée. Vous me permettrez
néanmoins de vous dire, qu'au lieu que vous affu-
rez que c'eft M. Auréle qui fe fait honeur du nom
de fa femme, comme Gallien fe fait honeur du
nom de fon illuftre parente Galliene ; je croi que
vous avez voulu dire que Gallien a cru fe pouvoir
faire honeur du nom d'une coufine qui étoit une
Héroïne ; puifque M. Auréle s'étoit fait une gloire
du nom de fa femme, qui n'étoit pas digne d'un fi
bon mari. Encore cette jufteffe fcrupuleufe de l'expreffion ne fauvera-t-elle pas l'inconféquence de la
penfée même, ni de l'ufage qu'on en veut faire.
Il faudroit, pour faire une comparaifon précife,
qu'il y eût, FAUSTINÆ AUGUSTÆ, comme
GALLIENÆ AUGUSTÆ, ou qu'il y eût
GALLIBNA comme FAUSTINA. Alors,
ainfi que le nominatif marque que c'eft Fauftine
qui témoigne le refpect & l'amour qu'elle a pour
fon mari, en lui faifant frapper cette belle Médaille : on diroit auffi que c'eft Galliene, qui pour
faire valoir la belle action qu'elle venoit de faire,
& qui étoit un effet de l'attachement qu'elle avoit
aux interêts de fon Prince légitime, auroit fait
frapper à Gallien une Médaille, qui marquoit la
paix qu'il avoit rendu à l'Empire.

C'eft Gallien, dites-vous, qui en veut rendre l'honneur à fa párente. Cela s'accorde mieux avec une infcription au datif, afin de faire à peu près ou bien ce fens, IMP. GALLIENUS GALLIENÆ AUGUSTÆ *pacem Imperii gratulatur*, ou, *acceptam refert*. Ou bien cet autre fens, IMP. GALLIENO GALLIENA AUGUSTA *pacem Imperii gratulatur*. Ainfi Maxence ayant voulu honorer la mémoire de Maximien, lui fit frapper une Médaille de fa confécration; ou d'un côté il mit la tête de Maximien voilée, parce qu'il étoit déja au rang des Dieux, avec ces mots, DIVO MAXIMIANO PATRI MAXENTIUS AUGUSTUS. Cette maniére exprime naturellement l'honneur qu'on veut faire aux perfonnes de mérite. On n'y entendroit affurément rien, fi c'étoit la tête de Maxence avec ces mots, DIVI MAXIMIANI PATRIS. Cependant GALLIENÆ AUGUSTÆ autour de la tête de Gallien eft toute la même chofe, quoique GALLIENÆ fût pris au datif, c'eft à dire, une maniére d'expreffion inconcevable, les deux noms ne s'y rencontrans point.

Depuis qu'on a commencé à frapper des Médailles, où l'on a mis les images des Princes, nous en avons grande quantité, foit dé Grecques, foit de Latines, ou tantôt ce font des Rois & des Magiftrats qui font mettre leur image & leurs noms, avec les images des Empereurs, à qui ils ont voulu marquer leur refpect & leur reconnoiffance; tantôt ce font les Empereurs, qui ont fait mettre avec leur tête celle des Rois leurs alliez, ou des Princes leurs parens, ou même de leurs favoris. Aucun que je fçache, comme j'ai déja eu l'honneur de vous dire, ne s'eft avifé de faire mettre autour de fa tête feule, le nom du Prince, ni de la Princeſſe, ni des parens, ni des favoris qu'il a voulu honorer. Gallien eſt-il le ſeul qui ait imaginé cette nouvelle maniére d'honeur ? Cela me paroît auſſi incroyable, que ce ſeroit de donner la tête d'un homme à une femme, pour lui faire honeur ; ou de faire porter le nom d'une femme à un homme plus grand & plus noble qu'elle. Une pareille confuſion de ſexe eſt un monſtre dans le païs des Médailles. Je ſçai que vous tâchez de l'excuſer, en diſant que c'eſt avec juſtice que *Gallien a voulu couronner ſa tête du nom d'Auguſte Galliene :* pour moi, je n'ai jamais trouvé de ſemblable couronne, parmi toutes les différentes eſpeces, que les Antiquaires reconnoiſſent.

Souffrez encore, je vous prie, Monſieur, que je vous demande ce que vous entendez, quand vous dites que Monſieur Vaillant rapporte une Médaille de Gallien, qui pourroit preſque toute ſeule décider la queſtion ; ſçavoir celle qui porte au revers, COHORS PRÆTORIANA VI. PIA, VI. FIDELIS : Car pour moi, quelque peine que je me ſois donnée de pénétter vôtre penſée, je n'ai jamais compris quel rapport cela peut avoir à nôtre queſtion. Gallien veut faire honeur aux Gardes Prétoriennes. Pour cela, il fait frapper une Médaille. Il met d'un côté ſa tête & ſon nom, IMP. GALLIENUS. Il met au revers le ſymbole & le nom des Prétoriens. Je conclus d'abord : Donc quand il aura voulu honorer ſa couſine, il aura dû mettre ſa tête & ſon nom d'un côté ; & la tête ou le nom de ſa couſine de l'autre : la ſuite eſt naturelle, mais par malheur elle détruit ce que vous voulez établir.

Il ne falloit point citer cette Médaille comme une invention particuliére de Gallien, on ſçai qu'il a fait le même honneur à toutes les Légions qui l'ont servy, à l'exemple de M. Antoine, qui fit frapper des Médailles avec le nom de toutes les Légions, & de quelques-uns de ses Prédécesseurs. Tréve donc, s'il vous plaît, de toute la belle Philosophie que vous débitez en cet endroit : car c'est-là qu'on trouve *que le cœur des hommes se remuë machinalement, & que dans cette méchanique, où la liberté de l'ame raisonnable me paroît avoir beaucoup à souffrir; les plus petits ressorts donnent le mouvement aux plus grandes machines.* Tréve encore une fois de cette Philosophie, si vous n'y trouvez une vertu élastique, qui puisse rappeller cette conclusion, & l'attacher machinalement aux propositions d'où elle n'auroit pas dû naturellement naître. Quand Gallien a voulu honorer sa parente, il a employé la même maniére dont il s'est servi pour honorer ses Légions. Quand il a voulu honorer ses Légions, il a mis leurs symboles & leurs noms au revers de ses Médailles : donc quand il a voulu honorer sa parente Galliene, il a dû mettre son nom autour de sa tête pour s'en couronner. Dites-moi, je vous conjure, si cette conclusion est naturelle, ou machinale ? & pardonnez-moi, si je vous dis, que jamais la machine ne fut heureuse, ni pour dénoüer les intrigues du Théatre, ni pour soudre les difficultez des Sçavans.

Si Gallien avoit fait la même chose à Odenat, qui lui avoit sauvé l'Orient : Si Zenobie, qui étoit une véritable Héroïne, avoit eu le même privilege : Si Vaballat, associé en quelque maniére à l'Empire, avoit reçu le même honeur, on ne le disputeroit pas à Galliene. Comment pourrois-je donc défendre ce que vous dites, en pré-

ſuppoſant que tous les Antiquaires doivent être
convaincus. *Il paroît par tout ce que j'ai expoſé,
qu'il n'y a rien contre les mœurs & les uſages des
Romains, quand pour éterniſer la mémoire de la
vaillante Galliene, on auroit mis ſon nom ſur une
Médaille, autour de la tête de l'Empereur regnant.*
Car il me ſemble que par tout ce que je viens d'a-
voir l'honeur de vous expoſer de ma part, il
reſte d'aſſez grandes difficultez, pour former op-
poſition à cet Arreſt déciſif, & qu'on ne pourra
jamais debouter les Antiquaires qui ſoûtiennent les
deux autres opinions, des moyens qu'ils préten-
dent avoir d'une Requête Civile.

J'ay tout ſujet d'eſperer, Monſieur, qu'ayant
qualifié vous-même les conteſtations des Antiquaires du nom de *querelles curieuſes & innocentes,*
vous ne vous offenſerez pas de la liberté que je me
ſuis donnée de vous conteſter quelques-uns de vos
ſentimens ; puiſque ce n'eſt que pour vous demander de nouvelles lumiéres, & pous donner occa-
ſion de faire éclater vôtre eſprit & vôtre érudition.
Il eſt de la gloire de la République Médallique,
de voir naître de tems en tems des Sujets d'un
mérite auſſi diſtingué que vous. On vous y verra
avec plaiſir prendre vôtre rang parmy les Héros,
comme vous avez ſçu le donner à Galliene parmi
les Héroïnes.

MONSIEUR,

Vôtre tres-humble, &c.

Depuis ma Lettre écrite, Monſieur, j'apprens
de differens endroits de triſtes nouvelles pour la

Princesse Galliene. On prétend que non seulement elle ne mérite pas le titre d'Auguste & de Déesse que vous voulez qu'on luy ait donnez : mais qu'elle a merité d'être dégradée, & de perdre l'honneur & la vie, même dans la mémoire de la posterité, où vous voulez la faire revivre. On la fait criminelle de leze-Majesté : On dit que c'est elle qui fit soulever Celsus contre son Prince & son parent, & qui se servit de Passienus & de Pomponianus, pour executer cette infame trahison. Bien plus, on veut vous rendre complice de sa perfidie, & l'on vous accuse d'intelligence avec elle, dans la traduction peu sincere qu'on veut que vous ayez faite de l'endroit de Trebellius Pollio, qui sert de fondement à vôtre nouvelle explication. Voicy le texte de Pollio : *Quare creatus* Imperator *per quandam mulierem Gallienam nomine consobrinam Gallieni, septimo Imperii die interemptus est.* Voicy vôtre traduction : *Mais à peine fut-il élu, qu'il fut tué sept jours après par une femme nommée Galliene, qui étoit cousine germaine de l'Empereur Gallien.* Voicy celle d'un de vos Accusateurs : *C'est pourquoy Celsus ayant été fait Empereur par les intrigues d'une femme nommée Galliene, cousine de Gallien, il fut tué le septiéme jour ensuivant.* Travaillez au plûtôt, Monsieur, à terminer ce procés criminel, où il ne s'agit de rien moins que d'être condamné comme fauteur d'un crime de haute trahison. Ce que vous en avez glissé sur la fin de vôtre écrit n'est pas suffisant pour vous justifier. On voit bien qu'on se servit de Passienus & de Pomponianus, pour porter les Soldats à proclamer Celsus ; mais on ne voit point que Galliene ait été dans un party contraire ; ni qu'elle ait tué le Tyran.

J'apprens d'un autre endroit, un nouveau procés qu'on vous fait sur la généalogie de Galliene, que vous avez voulu établir. On dit que vous avez confondu les cousins du côté des mâles, avec les cousins du côté des femelles. Que vous avez fait semblant de ne pas entendre le mot de *Consobrina*, c ii se dit pour *Consororina*, & qui ne signifie que cousine fille des deux sœurs. Que vôtre Princesse étant déclarée telle, elle doit avoir eu un nom different de celuy de Gallien, sçavoir le nom du mari que la sœur avoit épousé. Ne vous en déchargez pas sur Pollio, car on le recuse luy-même, sur des raisons qu'il seroit trop long de vous déduire icy ; & dont on prétend neanmoins conclure évidemment, que toute l'histoire de Celsus n'est qu'une pure fable, ou plûtôt un récit allégorique, qui ne touche ni Gallien, ni l'Empire Romain, mais une histoire fort éloignée.

9 782019 983192